PAIS E PADRINHOS

em preparação ao Batismo

Romi Auth, fsp

PAIS E PADRINHOS
em preparação ao Batismo

Dados Internacionais de Catalogação na Publicação (CIP)
(Câmara Brasileira do Livro, SP, Brasil)

Auth, Romi
  Pais e padrinhos em preparação ao batismo / Romi Auth. -- São Paulo : Paulinas, 2018.

  ISBN 978-85-356-4473-9

  1. Batismo - Igreja Católica 2. Sacramentos I. Título.

18-20829 CDD-234.161

Índices para catálogo sistemático:

1. Batismo : Sacramentos : Cristianismo 234.161

Cibele Maria Dias - Bibliotecária - CRB-8/9427

1ª edição –2018
3ª reimpressão –2023

Direção-geral: *Flávia Reginatto*
Elaboração do texto: *Romi Auth, fsp*
Editora responsável: *Vera Ivanise Bombonatto*
Copidesque: *Mônica Elaine G. S. da Costa*
Revisão: *Sandra Sinzato*
Coordenação de revisão: *Marina Mendonça*
Diagramação: *Edinaldo Medina Batista*
Produção de arte: *Tiago Filu*
Gerente de produção: *Felício Calegaro Neto*
Foto da capa: *Batizado de Benício Machado Kenzi, no dia 18 de março de 2017, pelo Pe. Carlos Griebeler, na capela de Linha Salto – RS*

SAB – Serviço de Animação Bíblica
Av. Afonso Pena, 2142 – Bairro Funcionários
30130-007 – Belo Horizonte – MG
Tel.: (31) 3269-3737
e-mail: sab@paulinas.com.br

Paulinas
Rua Dona Inácia Uchoa, 62 – Vila Mariana
04110-020 – São Paulo – SP (Brasil)
Tel.: (11) 2125-3500
http://www.paulinas.com.br – editora@paulinas.com.br
Telemarketing e SAC: 0800-7010081

©Pia Sociedade Filhas de São Paulo – São Paulo, 2018

Sumário

Apresentação 7

Introdução 9

Orientações práticas 11

Reflexão sobre o tema do Batismo 13

1º Encontro – O Batismo, dom de Deus 31

2º Encontro – O Batismo nos introduz na comunidade de fé 41

3º Encontro – O Batismo nos confere a tríplice missão: sacerdotal,
   régia e profética 51

Apresentação

O Batismo é muito importante, pois abre-nos a possibilidade de salvação. Por essa razão, a preparação de pais, padrinhos e madrinhas precisa ser sólida, seja no conhecimento do sacramento do Batismo, seja do seu significado para a vida da pessoa que o recebe. Ao mesmo tempo, deve despertar a consciência da responsabilidade de quem abraça o Batismo em nome da criança, para colaborar e estimular o seu crescimento na fé cristã. Cabe aos pais, ou quem responde pela criança, aos padrinhos e às madrinhas serem os primeiros a dar à criança o testemunho, a formação e o acompanhamento no amadurecimento da fé batismal.

Além da família, dos padrinhos e das madrinhas, a comunidade também assume o compromisso de oferecer a essa criança a continuidade na sua formação à fé, à vida sacramental, à missão da Igreja, na qual ela está inserida e é chamada gradativamente a responder e assumir a sua vocação. Há um número significativo de cristãos conscientes que vivem e testemunham o seu Batismo e são engajados e comprometidos com a vida de fé e da comunidade, sentindo-se corresponsáveis pela missão.

Mas há também muitos cristãos que pararam na preparação para a Primeira Eucaristia e não deram continuidade ao aprofundamento da própria fé, às vezes por falta de interesse, ou de tempo, ou ainda por falta de ofertas de cursos de aprofundamento na própria comunidade. Todos temos consciência da necessidade de uma fé esclarecida, que fundamente nossas convicções religiosas e que nos sustente nos momentos de crise (cf. 1Pd 3,15).

Introdução

Este fascículo traz uma reflexão sucinta sobre o Batismo, acompanhada de algumas dinâmicas que ajudam a aprofundar o tema e que podem ser compartilhadas com pais, padrinhos, madrinhas e com pessoas que estiverem presentes no encontro. Esta reflexão pode ser oferecida pela pessoa responsável pela preparação de pais, padrinhos e madrinhas ao Batismo de crianças.

Seguem três celebrações sobre o Batismo visto sob o prisma do dom, da comunidade e da missão. Na primeira celebração, o Batismo será tratado como *dom de Deus*, como iniciativa dele, que nos chama à sua comunhão, e não por merecimento nosso. Já na segunda celebração, vamos entender como o Batismo *nos introduz na comunidade de fé*, que acredita em Jesus Cristo e o segue, vivendo nela seu Batismo. Por fim, na terceira celebração, veremos que o Batismo *confere ao batizado e à batizada a tríplice missão*: *sacerdotal, régia e profética*.

Orientações práticas

Estas celebrações podem ser organizadas conforme as possibilidades das pessoas envolvidas no batizado:

- 1ª opção: As três celebrações podem ser feitas com todos os casais que vão batizar seus filhos, mais os padrinhos, as madrinhas e os familiares que desejarem participar da preparação na comunidade, semanal ou mensalmente, ou ainda em três dias consecutivos.
- 2ª opção: As três celebrações podem ser feitas na casa dos pais da criança que será batizada, com os padrinhos, as madrinhas e os familiares que desejarem participar, durante três dias, em diferentes semanas, ou em três dias consecutivos.
- 3ª opção: As três celebrações podem ser feitas em família: a primeira na casa dos pais da criança, a segunda na casa do padrinho e a terceira na casa da madrinha, com os familiares que desejarem participar.

Estes encontros são de preparação ao Batismo. Eles mesclam: o estudo sobre o tema do Batismo, a partilha de experiências e conhecimentos, o crescimento recíproco para estreitar os laços de amizade necessários, a fim de que haja confiança e liberdade, e para os padrinhos e as madrinhas poderem realizar com os pais a missão de acompanhar o crescimento na fé do afilhado ou da afilhada.

Atenção! Ler e preparar o encontro antes de realizá-lo, providenciando com antecedência o que for necessário à celebração. Por exemplo: preparar os símbolos do Batismo, escolher as pessoas que vão atuar no encontro, definindo o papel de *Dirigente* (Dir.), de *Leitor um* (L. 1); *Leitor dois* (L. 2); *Leitor três* (L. 3); *Mulheres* (M); *Homens* (H). Verificar os refrãos de cantos sugeridos para a celebração e, caso seja preciso, ensaiá-los antes ou substituí-los por outros, ou ainda podem ser rezados.

Reflexão sobre o tema do Batismo

Aqui serão trabalhados alguns textos bíblicos – Evangelhos e cartas – que falam sobre o tema do Batismo, e depois apresentada uma reflexão teológica sobre seu valor e sua importância na vida cristã, hoje.

A. O Batismo no Segundo Testamento

O Batismo já existia na tradição religiosa judaica e era praticado muitos anos antes de João Batista e de Jesus. Era feito por uma comunidade de monges solteiros e casados que viviam junto ao Mar Morto, em Qumran, na Cisjordânia. Essa comunidade tinha como objetivo viver com maior fidelidade as tradições e as observâncias religiosas e alimentares. Dentro do mesmo espírito, os Evangelhos registram o movimento de João Batista.

O Batismo de João Batista

Os quatro Evangelhos fazem referência à pregação e ao Batismo de João Batista,[1] em preparação à chegada de Jesus. Ele batizava junto ao rio Jordão "pela água para o arrependimento" dos pecados, e tinha dois objetivos: levar o povo à conversão e ao retorno a Deus:

---

[1] Cf. Mt 3,1-12; Mc 1,3-12; Lc 3,3-18; Jo 1,19-34.

> Eu vos batizo com água para o arrependimento, mas aquele que vem depois de mim é mais forte do que eu. De fato, eu não sou digno nem ao menos de tirar-lhe as sandálias. Ele vos batizará com o Espírito Santo e com fogo (Mt 3,11).[2]

João Batista já anuncia a chegada de Jesus e que ele batizará com o Espírito Santo e com fogo. O fogo tem um sentido de purificação, mais eficaz até do que a água, e indica já no Primeiro Testamento a intervenção de Deus e do seu Espírito que purifica a consciência humana, gerando vida nova.

O Batismo de Jesus

Jesus colocou-se na fila para ser batizado por João Batista. E mesmo não precisando ser batizado, porque não tinha necessidade de ser purificado, ele conseguiu, depois de muita insistência, quebrar a resistência de João, que não queria batizá-lo, mas, por fim, o batizou. Vamos ler o que diz o Evangelho de Mateus:

> Nesse tempo, veio Jesus da Galileia ao Jordão até João, a fim de ser batizado por ele. Mas João tentava dissuadi-lo, dizendo: "Eu é que tenho necessidade de ser batizado por ti e tu vens a mim?" Jesus, porém, respondeu-lhe: "Deixa estar por enquanto, pois assim nos convém cumprir toda justiça". João consentiu, e Jesus foi batizado (Mt 3,13-15).

---

[2] Cf. Mc 1,8; Lc 3,16.

João intuiu que Jesus era o Messias e que não precisava de um Batismo de penitência; enquanto ele, sim, sentia-se necessitado de recebê-lo de Jesus. Quando Jesus insiste: "Convém cumprir toda justiça", na boca de Mateus esta frase indica o comportamento adequado e fiel diante de Deus, tanto de Jesus em pedir o Batismo quanto de João Batista em dar o Batismo a Jesus; os dois gestos estão no plano de Deus. Eles agradam a Deus.

Mesmo que Jesus não tenha pecado, ele quis se identificar com os pecadores. Como diz Paulo: "Aquele que não conheceu o pecado se fez pecado por nós, para que nós nos tornássemos nele justiça de Deus" (2Cor 5,21).

Jesus é justo; desse modo, ele torna-se nosso modelo e, ao mesmo tempo, prepara o futuro Batismo dos cristãos, com o poder de tornar justo quem o recebe em nome da Trindade, sem merecimento algum.

A primeira "epifania" ou manifestação pública de Jesus ao mundo se deu na visita dos três reis magos a Jesus, que lhe ofereceram ouro, incenso e mirra. A segunda epifania aconteceu no Batismo de Jesus. Vamos ouvir a narrativa de Mateus:

> Tendo sido batizado, Jesus saiu da água e, nesse momento, os céus se abriram e ele viu o Espírito de Deus descer como pomba e vir sobre ele. E uma voz do céu disse: **"Este é o meu Filho amado, nele me comprazo"** (Mt 3,16-17).

Na primeira manifestação, foi a estrela que guiou os reis magos ao encontro do menino, e, na segunda manifestação do

Batismo, é a voz do Pai que o proclama publicamente: "Este é o meu Filho amado". É o Filho que está sendo batizado e os céus se abrem, enquanto o Espírito Santo desce em forma de pomba sobre Jesus. Além da manifestação de Jesus, é também a manifestação da Trindade.

Este é o sentido do Batismo de Jesus: revelar publicamente ao mundo que ele é o Filho amado do Pai, e que por meio do Filho, Jesus, nos tornamos filhos adotivos. O Batismo de Jesus não é para apagar pecados, porque ele não os tem, mas é para revelar-nos o quanto o Pai o ama e nos ama, dando-nos seu Filho.

Jesus manda batizar

No Evangelho de João encontramos referências a Jesus de que ele batizava pela região da Judeia,[3] mas não é apresentado nenhum fato. Outro texto do mesmo evangelista afirma que Jesus mesmo não batizava, mas seus discípulos (Jo 4,2). Outro texto ainda assevera que o Espírito Santo ainda não havia sido enviado e que, quando Jesus o enviasse após a sua ascensão, os discípulos receberiam a ordem de batizar (Jo 7,39).

Já no Evangelho de Mateus, Jesus ordena aos seus seguidores fazerem discípulos dele entre todas as nações, batizando-os em nome do Pai, do Filho e do Espírito Santo:

---

[3] Cf. Jo 3,22-23.

> Ide, portanto, fazer discípulos entre todas as nações, batizando-as em nome do Pai, do Filho e do Espírito Santo, ensinando-lhes a guardar tudo o que vos tenho ordenado. Eu estou convosco todos os dias, até o fim dos tempos (Mt 28,19-20).

A missão dos discípulos consistia em ensinar e batizar os que aderiam à fé em Jesus pela pregação deles. Ainda há uma insistência de Jesus para ensinarem as nações a praticarem tudo o que ele lhes ordenou ao longo dos três anos em que estiveram com o Mestre. Os discípulos levaram a sério as suas ordens.

O Batismo na compreensão do Apóstolo Paulo

Há muitas citações sobre o Batismo nas diversas cartas. Mas nossa atenção se volta ao Apóstolo Paulo, na sua carta aos Romanos. Para Paulo, ser batizado significa morrer para o pecado e ressurgir para uma vida nova, ou seja, viver como ressuscitado.

> Nós morremos para o pecado, como haveríamos de viver ainda nele? Ou não sabeis que todos os que fomos batizados em Cristo Jesus, é na sua morte que fomos batizados? Portanto, pelo Batismo nós fomos sepultados com ele na morte para que, como Cristo foi ressuscitado dentre os mortos para a glória do Pai, assim também nós vivamos vida nova (Rm 6,2-4).

Paulo diz neste texto que, aquele que comete pecado, é escravo do pecado, mas aquele que se une a Cristo é libertado da escravidão do pecado. E aquele que se liberta do pecado morre para o pecado e revive para a vida nova em Cristo Jesus. O batizado mergulha no mistério pascal de Cristo, torna-se sinal dessa vida nova, na qual o pecado não tem mais poder nenhum. A pessoa que passa pelo rito do Batismo simboliza, por meio dele, eficazmente a passagem da morte ao pecado, para o seu renascimento com Cristo para uma vida nova.

Paulo tem consciência de que somos fracos, que o pecado reina em nosso corpo, embora ele não tenha uma visão negativa do corpo. Mas, se não estivermos atentos a nós mesmos, ele pode tornar-se um instrumento para o pecado. Ao contrário, se temos o domínio de nós mesmos, o corpo será instrumento para justiça. Mesmo a pessoa que já foi batizada e que morreu para o pecado, enquanto estiver viva, terá que resistir para não cair de novo no pecado, não ceder à tentação.

O Batismo, na experiência da tradição judaica, de João Batista, do movimento de Jesus e das comunidades cristãs primitivas, é uma prática que tem continuidade ao longo da história e que se mantém fiel até os dias atuais.

B. O Batismo à luz da fé cristã

O Batismo é um chamado da Santíssima Trindade para participarmos da sua vida divina. Dele recebemos o *dom de Deus* que se nos revelou *uno e trino*, fazendo em nós sua morada; recebemos a *filiação divina*, as virtudes teologais – ou seja, virtudes que nos unem diretamente a Deus – pela *fé, esperança e caridade*; somos *inseridos numa comunidade de fé* e dele recebemos a *tríplice missão: sacerdotal, régia e profética*.

O Batismo é dom de Deus

Jesus veio revelar-nos que há um só Deus em três pessoas: o Pai, o Filho e o Espírito Santo; característica da fé cristã. Quando recebemos o Batismo, nós o recebemos em nome da Santíssima Trindade. É a nossa identidade cristã, o nosso DNA divino, que nos elege como morada da Trindade, templos vivos onde ela habita. Tornamo-nos pessoas sagradas e consagradas por meio do Batismo; ele imprime em nós seu selo, que ninguém poderá apagar, nem mesmo o pecado.

Ninguém pode apagar em nós o DNA que herdamos de nossos pais, ele é único. Deles carregamos em nosso corpo as marcas genéticas; e no nosso psiquismo, as características psicológicas e espirituais. Ninguém pode apropriar-se delas, nem anulá-las, mas somente aprimorá-las.

O Batismo torna-nos propriedade particular da Trindade, "povo de sua propriedade", como afirma o Apóstolo Pedro (1Pd 2,9), porque ela tem cuidado e zelo pelos que lhe pertencem. Somos propriedade de Deus sem perdermos a liberdade, o que não acontece com os humanos.

Só garantimos a pertença a ele e a presença da Trindade em nós ao longo da nossa vida se, de fato, amarmos e praticarmos os ensinamentos de Jesus segundo suas Palavras: "Se alguém me ama, guardará minha Palavra e meu Pai o amará e a ele viremos e nele estabeleceremos morada" (Jo 14,23). E não há como esconder-nos dos olhos de Deus, pois nele vivemos, nos movemos e existimos (At 17,28).

O Batismo torna-nos filhos e filhas de Deus

Toda pessoa batizada pertence a Deus e carrega na alma a marca indelével da vida divina que pulsa no seu ser. No seu Filho Jesus, o Pai nos adotou como seus filhos, não como escravos nem como servos, mas filhos e filhas, queridos e amados por ele.

O testemunho de um casal pode ilustrar, um pouco, o sonho que Deus tem sobre cada um dos seus filhos e de suas filhas, assim como os pais têm sobre seus filhos e suas filhas. Por isso, peço a um pai e a uma mãe que venham à frente com a criança, ou o adolescente que estiver presente no encontro, para dizer ao filho ou a filha, e a todas as pessoas presentes: "Quais eram os sonhos em relação à sua filha ou ao seu filho durante a gestação? O que diziam a respeito dele ou dela? Qual era a expectativa? E hoje, o que desejam para ele ou para ela?". (Pausa)

Se desejamos tudo o que é bom para nossos filhos, o que Deus, nosso Pai, não haverá de desejar para este filho e esta filha, para cada ser humano, seus filhos e suas filhas queridos e amados? Ele nos amou tanto que mandou o seu Filho único para conviver conosco, fazendo-se nosso irmão, falando-nos do seu Pai e nosso Pai. Jesus, no Evangelho de Lucas, diz: "... se vós, mesmo sendo maus, sabeis dar coisas boas aos vossos filhos, quanto mais o vosso Pai do céu dará o Espírito Santo aos que lhe pedirem!" (Lc 11,13).

Independentemente de nossa vontade, fomos gerados por amor, mesmo que alguns pensem que nasceram por acaso. No plano divino, ninguém nasce por acaso, porque Deus nos quis e nos amou: "És precioso, preciosa, aos meus olhos", diz o Senhor por meio do profeta Isaías (Is 43,4). E mais, caso a mãe se esquecesse do seu filho ou de sua filha, Deus não se esqueceria dele ou dela. Diz o profeta: "Por acaso uma mulher se esquecerá da sua criancinha de peito? Não se compadecerá ela do filho do seu ventre? Ainda que as mulheres se esquecessem, eu não me esqueceria de ti" (Is 49,15). Temos a garantia do seu amor.

O Papa Francisco diz que: "O Batismo é, em certo sentido, a carteira de identidade do cristão, de um novo nascimento"[4] para a fé. Pelo Batismo, pertencemos à família de Jesus, à comunidade cristã, à Igreja. Somos rodeados por muitos membros que pertencem à mesma família. Entramos nesta grande família de Jesus pelo nosso Batismo. Imaginem vocês quantos foram os que já professaram a mesma fé, nestes mais de dois mil anos de cristianismo!

São milhões e milhões de homens e mulheres que conheceram e praticaram os ensinamentos de Jesus, e foram batizados em nome do Pai, do Filho e do Espírito Santo. Quantos morreram por ser cristãos? Deram sua vida pela fé em Jesus Cristo? Nossos antepassados: bisavós, avós, pais, já nos precederam nesta mesma fé. E hoje estamos aqui para refletir sobre a importância do nosso Batismo, de nossa identidade cristã, sobre um modo novo de ser e agir segundo o testemunho e os ensinamentos de Jesus. Se eu não conheço Jesus por meio dos seus ensinamentos, não estaria na hora de conhecê-lo? Onde? Nos Evangelhos.

---

[4] Catequese proferida na Praça São Pedro (Vaticano, Roma), no dia 13 de novembro de 2013.

O Batismo concede-nos o dom da fé, da esperança e da caridade

No Batismo a criança recebe os dons da fé, da esperança e da caridade ou do amor. Nada fizemos para merecer estes dons. Deus, na sua gratuidade infinita, concede estes dons de presente à pessoa que o recebe. A fé em Deus, em nós mesmos e nos outros é indispensável para uma vida humana equilibrada, cristã e verdadeira.

O dom da fé

O grande símbolo da fé é a luz. Convido um voluntário para ficar na frente do grupo e segurar esta vela. Ao acendê-la, vamos apagar as luzes. Peço que falem sobre o significado desta vela acesa e qual sua função neste ambiente? (Pausa) Transpondo para o sentido espiritual, o que significa a vela acesa? (Pausa)

Vocês se lembram de alguma passagem dos Evangelhos que fale de luz? Jesus se autodefine como "luz": "Eu sou a luz do mundo..." (Jo 8,12). "Vós sois a luz do mundo" (Mt 5,14). Quem pratica o mal, age no escuro sempre às escondidas, na calada da noite. Quem está com Jesus, age na luz, não tem medo de que o acusem; diríamos, tem a consciência limpa.

A luz da vela acesa é símbolo da nossa fé, que nos sustenta, sobretudo, nos momentos difíceis e de crise.[5] Em qual oração se expressa concretamente a fé da Igreja, a nossa fé que abraçamos

---

[5] Fé em 1Ts 1,3.8; 3,2.5.6.7.10; 5,8.

com o Batismo? (Pausa) Em que cremos? Vamos prestar bastante atenção qual é a fé que professamos ao rezarmos o Credo:

> Creio em Deus Pai todo-poderoso, Criador do céu e da terra, e em Jesus Cristo seu único filho, nosso Senhor, que foi concebido pelo poder do Espírito Santo; nasceu da Virgem Maria, padeceu sob Pôncio Pilatos, foi crucificado, morto e sepultado; desceu à mansão dos mortos; ressuscitou ao terceiro dia; subiu aos céus; está sentado à direita de Deus Pai todo-poderoso, donde há de vir a julgar os vivos e os mortos. Creio no Espírito Santo, na santa Igreja católica, na comunhão dos santos, na remissão dos pecados, na ressurreição da carne, na vida eterna. Amém.

O dom da fé recebido no Batismo precisa ser cultivado; ele não é um ato mágico. O que faz um mágico? Truques, enganos visuais aos seus espectadores. O Batismo não é um ato mágico, um faz de conta. A criança é batizada pela fé dos pais, que se comprometem a fazer crescer a sementinha da fé que ela recebeu no Batismo, com a ajuda de seus padrinhos. São os pais que pedem o Batismo ao seu filho ou a sua filha. As palavras que o celebrante pronuncia e os gestos que realiza não são truques mágicos. São gestos movidos pela fé na ação do Espírito Santo, que concede ao batizando o dom da fé.

O dom da esperança

O dom da esperança é indispensável para a vida cristã. A esperança como virtude teologal nos leva a esperar um bem que foi prometido por Deus (Rm 8,24-25).[6] Está profundamente ligado à fé e ao amor (1Cor 13,13); à ressurreição dos mortos; à vida eterna; à plena visão de Deus; à salvação eterna. A esperança é fonte de alegria e ajuda para suportar o sofrimento. A fé e a esperança terminarão quando estivermos na visão de Deus, mas o dom do amor não.

O dom da caridade ou do amor

O dom do amor de Deus é o amor Ágape – um amor gratuito que nasce da eleição de Deus pelo seu povo. O amor a Deus e ao próximo é o mandamento máximo de Jesus aos seus seguidores. O amor em Paulo aparece como dom supremo do Espírito (1Cor 13,1-13).[7] Nada poderá nos separar do amor de Cristo, como expressa um canto: "*Quem nos separará, quem vai nos separar do amor, do amor de Cristo...*". Ninguém tem esse poder!

O Batismo nos introduz na comunidade de fé

O Batismo é sempre uma ação comunitária, na qual toda a Igreja local sente-se envolvida. A pessoa batizada é acolhida pela comunidade e convidada a inserir-se nela, porque é nela que o Espírito Santo torna presente e atual a salvação de Cristo. Na comunidade, a criança é acompanhada pelos pais e padrinhos no crescimento de sua fé, na sua inserção e participação ativa na

---

[6] Esperança em 1Ts 1,3; 2,19; 4,13; 5,8.

[7] Amor/caridade em 1Ts 1,3; 3,6.12; 4,9; 5,8.13.

catequese, para os sacramentos de iniciação cristã, e nas etapas sucessivas de sua formação cristã. Como cristãos comprometidos, temos o compromisso de engajar-nos na missão da comunidade.

A sua participação numa comunidade de fé é diferente do que a sua associação a um clube. E qual é a diferença entre o fazer parte da Igreja ou fazer parte de um clube? (Pausa para refletir e partilhar)

No Batismo, homens e mulheres assumem a responsabilidade de viver e testemunhar a própria fé, participando da missão da Igreja.

Já no clube não há o vínculo da fé, a pessoa se associa para se divertir, para encontrar com os amigos. O fato de ser associada a um clube não compromete a sua vida. O dia que não gostar mais e desejar se desligar, ela sairá e não terá mais nenhum compromisso.

O mesmo não acontece numa comunidade de fé, pois há um compromisso cristão de viver e testemunhar uma coerência de vida com a fé que professa, em qualquer lugar aonde for, mesmo que não exista uma comunidade cristã, porque seu compromisso continua.

O Batismo nos confere a tríplice missão: sacerdotal, régia e profética

O cristão, ao ser adotado como filho de Deus pelo Batismo, torna-se um novo ser, colocando-se diante de uma multiplicidade de compromissos e responsabilidades. Na vida cotidiana, o compromisso ético é a consequência do sacramento do Batismo; não pode submeter-se às diversas formas de escravidão pelo pecado (Mc 7,20-23), mas buscar viver na coerência de vida a própria fé recebida no Batismo (Rm 6,10-11).

A tríplice missão sacerdotal, régia e profética só poderá ser realizada na ética cristã – mesmo que a palavra "ética" esteja desgastada nos discursos, maltratada – e vivida no dia a dia por muitos cristãos nos diversos campos: na prática pessoal, familiar, profissional, social, política e também religiosa. Não necessitamos de conceitos e definições, mas de conscientizar-nos, à luz da prática e dos ensinamentos de Jesus, de quais são suas implicações para nossa vida de batizados e batizadas.

Quando recebemos o Batismo, somos ungidos com o óleo do Santo Crisma e o óleo dos catecúmenos. O óleo do Santo Crisma é para ressaltar o dom do Espírito Santo, que enche de alegria a pessoa que o recebe, consagra-a e dá-lhe força em sua fragilidade. Enquanto o óleo dos catecúmenos é dado para fortificar a pessoa contra o mal.

Vamos fazer agora uma dinâmica: vocês receberão uma gota de óleo na mão esquerda. Depois de aguardar até que todos recebam o óleo, de dois em dois, cada um unge com o dedo polegar direito a testa do outro, fazendo o sinal da cruz, recordando, assim, o grande dom do Batismo que recebemos.

A participação na missão sacerdotal

A pessoa batizada participa do sacerdócio comum dos fiéis segundo o livro do Apocalipse: "Àquele que nos ama e que nos lavou de nossos pecados com seu sangue, e fez de nós uma realeza de sacerdotes para Deus, seu Pai..." (Ap 1,5-6); porque, unida ao Cristo sacerdote, oferece a Deus a própria vida, a vida da sua família, tudo o que tem e o universo inteiro, como um sacrifício de louvor, um culto agradável a Deus. A pessoa batizada é chamada a oferecer-se como hóstia viva, santa e agradável a Deus (Rm 12,1), dando testemunho de Cristo em toda parte, e a falar da esperança que tem na vida eterna. Com a própria oferta, é chamada também a oferecer a Deus a família, as pessoas, os bens conquistados com honestidade, como sacrifício de agradável odor (Fl 4,18).

A participação na missão régia

A missão régia do batizado consiste em servir aos irmãos, como Jesus, que não veio para ser servido, mas para servir (Mt 20,28). Os Evangelhos são um testemunho do início ao fim do serviço que Jesus prestou ao povo por meio das curas de cegos, coxos, aleijados, de todo tipo de doenças. Ele não parou de fazer o bem ao povo, servindo-o incansavelmente. E quando Jesus lavou os pés dos discípulos, ele concluiu o gesto dizendo:

> Vós me chamais de Mestre e Senhor, e dizeis bem, pois eu o sou. Se, portanto, eu, o Mestre e Senhor, vos lavei os pés, também deveis lavar-vos os pés uns dos outros. Dei-vos o exemplo, para que, como eu vos fiz, também vós o façais (Jo 13,13-15).

Esta é a missão régia do batizado: servir como Jesus serviu.

A participação na missão profética

A missão profética do batizado é igualmente muito exigente, porque pede profunda coerência entre o testemunho de vida e a prática da profecia, entre a vida e o discurso. Se nossa prática não é coerente com o que anunciamos, não temos autoridade para ser profetas e profetisas, nem para falar em nome de Deus. Nós, pessoas batizadas, levamos o nome de cristãos porque somos seguidoras de Jesus Cristo; por isso, chamadas a testemunhar e anunciar a Palavra de Deus, os ensinamentos de Jesus, mas, também, chamadas a denunciar o que não está de acordo com a vontade Deus.

A autoridade moral e ética de Jesus vinha de sua coerência de vida entre o discurso e a prática, e o povo ficava pasmado com seu ensinamento, porque ele falava com autoridade e não como os escribas (Mc 1,22). Novamente é o povo quem reconhece essa coerência de Jesus entre o ensinamento e a sua ação: "Maravilhavam-se sobremaneira, dizendo: 'Ele tem feito tudo bem; faz tanto os surdos ouvirem como os mudos falarem'" (Mc 7,37). No discurso e na prática de Jesus, não há contemporização nem duplicidade de atitudes: "Seja o vosso 'sim', sim, e o vosso 'não', não. O que passa disso vem do Maligno" (Mt 5,37). Ou seja, não é possível ter os pés em duas canoas.

Este foi o aprendizado dos Apóstolos:

> Deus é testemunha fiel de que a nossa palavra a vós dirigida não é sim e não. Pois, o Filho de Deus, o Cristo Jesus, que vos anunciamos, eu, Silvano e Timóteo, não foi sim e não, mas unicamente sim. Todas as promessas de Deus encontram nele o seu sim; por isso, é por ele que dizemos "Amém" a Deus, para a glória de Deus. Aquele que vos fortalece convosco em Cristo, e nos dá a unção, é Deus, o qual nos marcou com um selo e pôs em nossos corações o penhor do Espírito (2Cor 1,18-22).

Dinâmica: o que faço do meu Batismo?

Para concluirmos a reflexão, propomos uma dinâmica conclusiva sobre **O que eu faço do meu Batismo?**, a fim de ajudar as pessoas a se situarem sobre a vivência do próprio Batismo.

Objetivo: Identificar-se com a atitude de um dos três batizados que serão encenados a seguir, levando as pessoas a reassumirem uma nova atitude diante do próprio Batismo.

Material a providenciar: Três velas médias; uma vela grande; cinco velas pequenas; uma caixa de fósforo; uma cadeira.

Desenvolvimento da dinâmica: A vela maior será acesa e colocada na frente da assembleia, em lugar de destaque. Convidar três pessoas voluntárias para colaborar na dinâmica de conclusão do encontro. Orientá-las à parte sobre o papel que desempenharão, enquanto a comunidade é convidada a observar em silêncio o desenvolvimento da dinâmica.

Funções de cinco pessoas da assembleia: Cada uma das cinco pessoas, localizadas em diferentes lugares no salão, receberá uma vela apagada, sem acendê-la.

Função das três pessoas voluntárias: Cada uma das três pessoas voluntárias receberá uma vela média, com a seguinte mensagem, para ser lida em voz alta: (Nome) *receba esta vela acesa como símbolo do seu Batismo*. Cada uma das três pessoas acenderá sua vela na vela maior, que estará à frente dela, representando a luz de Cristo.

1ª pessoa: recebe do palestrante a vela acesa com a mensagem: (Nome) *recebe esta vela acesa como símbolo do seu Batismo.* (Ela, em silêncio, desempenha este papel: contempla a vela acesa, revolvendo-a em sua mão, senta-se na cadeira à vista de todos, apaga a vela, coloca-a debaixo da cadeira e continua sentada, cruzando os braços e contemplando as pessoas.)

2ª pessoa: recebe do palestrante a vela acesa com a mensagem: (Nome) *recebe esta vela acesa como símbolo do seu Batismo.* (Ela recebe a vela acesa, contempla-a, dá as costas à comunidade e vai a um canto da sala, onde todos possam vê-la, para fazer sozinha, em pé e de costas, sua oração.)

3ª pessoa: recebe do palestrante a vela acesa com a mensagem: (Nome) *recebe esta vela acesa como símbolo do seu Batismo.* (A pessoa contempla a vela acesa e se volta para a comunidade, olha-a e percebe que há cinco pessoas da comunidade que receberam a vela pequena e estão com ela apagada. Ela vai ao encontro de cada uma delas e acende as velas.)

Conclusão: No diálogo com a comunidade, perguntar, deixando que quem quiser fale, sem complementar ou comentar as respostas:

- O que observamos nesta dinâmica? (Pausa)
- Vocês, que participaram da dinâmica, o que têm a dizer?
- Com qual destas três pessoas vocês mais se identificam?

1º Encontro
O Batismo, dom de Deus

Preparação do ambiente

Sobre uma mesa coberta com toalha branca, colocar a Bíblia aberta, em destaque, e a seu lado uma jarra com água, o Círio Pascal ou uma vela grande acesa, vaso com flores, fotos dos batizados de pessoas da família.

1. Deus nos reúne

Dir.: Nossa família sente-se feliz em acolher o padrinho (dizer o nome), a madrinha (dizer o nome) e as pessoas que vieram participar do encontro de preparação ao Batismo de (dizer o nome da criança).

As boas-vindas a você que veio participar!

Pai: Nosso pedido à Igreja de batizar nosso filho (ou nossa filha) vem de Deus, porque foi ele quem o(a) chamou para fazer parte de sua grande família. Por isso, hoje aqui nos reunimos. Queremos que ele(ela), desde o início de sua vida, seja um cristão (uma cristã) e tenha a bênção e a proteção divina pelo Batismo.

Mãe: Somos pais cristãos e queremos deixar ao nosso filho (a nossa filha), como herança, também a fé que professamos em Deus, na Igreja Católica.

Dir.: Iniciemos nosso encontro com o sinal da fé que recebemos no Batismo, cantando:

Canto: *Em nome do Pai, em nome do Filho, em nome do Espírito Santo, estamos aqui: / para louvar e agradecer, / bendizer e adorar, / estamos aqui, Senhor, a teu dispor. / Para louvar e agradecer, / bendizer e adorar, / te aclamar, Deus trino de amor.*

Dir.: Hoje vamos refletir sobre: "O BATISMO, DOM DE DEUS". Deus nos oferece gratuitamente o dom de recebermos o Batismo em nome do Pai, do Filho e do Espírito Santo. Recebemos o dom de nos tornarmos filhos e filhas de Deus. Com eles recebemos também o dom da fé, da esperança e do amor.

Todos: Todos que estamos aqui recebemos o Batismo na total gratuidade do amor de Deus por nós. Ele nos ofereceu este presente, chamando-nos pelo nosso nome.

Dir.: Convido vocês a falarem o seu nome (... e os pais também acrescentam o nome da criança que será batizada). Por este nome, Deus nos chama e se comunica conosco.

Padrinho: Pelo Batismo, começamos a fazer parte do povo de Deus com Abraão, Moisés, os Profetas, Maria, os Apóstolos, nossos antepassados, pais, irmãos e irmãs. O Senhor nos chamou pelo nosso nome à vida divina, para sermos seus filhos e suas filhas, e o somos de fato.

Todos: Somos chamados pelo nosso nome, como na anunciação do anjo a Maria, quando ele disse que o menino se chamaria Jesus, que significa: "Deus salva". Nós nos tornamos, assim, filhos e filhas, no Filho, Jesus.

Madrinha: Fomos chamados para pertencermos a Cristo, para sermos dignos da vocação à qual ele nos chamou pelo Batismo, para viver conforme os ensinamentos de Jesus, contidos nos Evangelhos.

Todos: Dai-nos, ó Pai, a graça de vivermos como filhos obedientes à vossa vontade; como irmãos e irmãs que se amam, servindo vosso Filho, Jesus, na família, no trabalho, onde vivemos e atuamos. Esta graça, ó Pai, nós vos pedimos, por Jesus Cristo, vosso Filho. Amém.

L. 1: Deus é imensamente generoso conosco, seus filhos e suas filhas, concedendo-nos o dom da fé em Deus Pai, o Criador do universo, no Filho, nosso salvador, e no Espírito Santo, o nosso santificador. Esta é a fé que professamos:

Todos: Creio em Deus Pai todo-poderoso, Criador do céu e da terra, e em Jesus Cristo seu único Filho, nosso Senhor, que foi concebido pelo poder do Espírito Santo; nasceu da Virgem Maria, padeceu sob Pôncio Pilatos, foi crucificado, morto e sepultado; desceu à mansão dos mortos; ressuscitou ao terceiro dia; subiu aos céus; está sentado à direita de Deus Pai todo-

-poderoso, donde há de vir julgar os vivos e os mortos. Creio no Espírito Santo, na santa Igreja católica, na comunhão dos santos, na remissão dos pecados, na ressurreição da carne, na vida eterna. Amém.

Mãe: Esta é a nossa fé. Estas são as verdades nas quais nós, batizados e batizadas, acreditamos. E nossa esperança é de que um dia, redimidos de nossos pecados, gozaremos da ressurreição gloriosa, para sempre, na vida eterna.

Todos: Amém, assim seja! Quando viveremos na plenitude do amor de Deus, com todos, para sempre.

Canto do refrão: *Onde reina o amor, fraterno amor, onde reina o amor, Deus aí está!*

2. Deus nos fala

Dir.: O texto do Evangelho segundo Mateus, que vamos ler agora, fala sobre o Batismo de Jesus. Ele tem a preocupação de nos revelar quem é, de fato, Jesus. Ele não é só filho de Maria e tem como pai adotivo José, o carpinteiro de Nazaré. Ele é muito mais, ele é o Filho querido de Deus Pai. Vamos ouvir com muita atenção a revelação do Pai sobre Jesus, e invocar as luzes do Espírito Santo sobre nós!

Só o Refrão: *A nós descei divina luz, a nós descei divina luz, em nossas almas acendei, o amor, o amor de Jesus. O amor, o amor de Jesus!*

L. 3: Leitura do Evangelho de Mateus (Mt 3,13-17).

[13]Nesse tempo, Jesus foi da Galileia ao Jordão para ser batizado por João, [14]mas este tentava dissuadi-lo: "Tu vens a mim? Sou eu quem necessita ser batizado por ti". [15]Jesus, porém, lhe respondeu: "Consente por ora, pois, assim, nos convém cumprir toda a justiça". Então, João consentiu. [16]Tendo sido batizado, Jesus saiu da água e, nesse momento, os céus se abriram e ele viu o Espírito de Deus descer como pomba e vir sobre ele. [17]E uma voz do céu disse: "Este é meu Filho amado, nele me comprazo". Palavra da Salvação!

Todos: Glória a vós, Senhor!

Ver o texto de perto

Dir.: Uma escuta atenta ajuda-nos a compreender melhor o texto e oferece-nos a possibilidade de fazer uma síntese, o que facilitará a interpretação do texto. Vamos ver se retemos em nossa memória o que lemos no texto de Mateus:

- Quem batizou Jesus? (Pausa)
- Em que lugar Jesus foi batizado? (Pausa)
- Por que será que João não queria batizar Jesus? (Pausa)
- Quais foram os três fatos que aconteceram, quando Jesus saiu da água? (Pausa e, caso as pessoas não se lembrem, reler novamente com elas os versículos 16-17).

Dir.: No Evangelho segundo Mateus, justiça indica o comportamento adequado e fiel diante de Deus, ou seja, tanto João dando o Batismo para Jesus quanto Jesus recebendo o Batismo de João correspondem a uma conduta que agrada a Deus.

Pai: Com este gesto, Jesus reconhece a missão de João e, ao ser batizado por ele, lhe confere autoridade, porque o Batismo está no plano divino da salvação.

Mãe: "Convém cumprir a justiça divina" significa que Jesus mostra ao povo que a conduta dele, e o seu modo de agir ao pedir o Batismo, está no plano de salvação de Deus.

Todos: Significa dizer que Jesus é justo porque faz o que agrada a Deus. Ele quis preparar o futuro Batismo dos cristãos, conferindo, a quem o recebe, o poder de torná-lo justo.

Madrinha: Jesus quer se identificar com os pecadores. Como diz o Apóstolo Paulo: "Aquele que não conheceu pecado se fez pecado por nós, para que nós nos tornássemos nele justiça de Deus" (2Cor 5,21).

Padrinho: Jesus apresenta-se como modelo para nós e nos envia em missão: "Ide, portanto, fazer discípulos entre todas as nações, batizando-as em nome do Pai, e do Filho, e do Espírito Santo, ensinando-lhes a guardar tudo o que vos tenho ordenado. Eu estou convosco todos os dias, até o fim dos tempos" (Mt 28,19-20).

Dir.: À nossa frente estão alguns símbolos usados no Batismo: a Bíblia, a água, a vela acesa, flores.

- O que eles significam para você, para nós? (Pausa para partilha)
- Qual é a relação desses símbolos com o Batismo? (Pausa)

Canto: *Sim, eu quero que a luz de Deus, que um dia em mim brilhou, / jamais se esconda e não apague em mim o seu fulgor. / Sim, eu quero que o meu amor ajude o meu irmão, / a caminhar guiado por tua mão, por tua lei, em tua luz, Senhor!*

Trazer o texto para perto de nós

Dir.: A justiça, na compreensão de Mateus, é fazer o que agrada a Deus, e não o que muitas vezes pensamos e fazemos, retribuindo ao outro que nos prejudicou com a mesma moeda. Vamos partilhar:

- Se justiça é fazer o que agrada a Deus em nossa vida de batizados, o que fazemos que agrada a Deus? (Pausa para partilhar)
- Nosso jeito de relacionar-nos com as pessoas de casa – esposa, marido, filhos, irmãos – ou vizinhos, na comunidade, agrada a Deus? Tratamos os outros como gostaríamos de ser tratados? (Pausa para partilhar)
- Quem se lembra de algum fato ou gesto edificante vivido em família e que com certeza agradou a Deus? (Pausa para partilhar)

3. Deus nos escuta

Oração que brota da Palavra (Salmo 8)

Dir.: Depois desta nossa rica partilha, vamos elevar um hino de louvor: "Senhor, nosso Deus, como é magnífico teu nome em toda a terra! Fixas tua majestade sobre os céus".

Todos: Senhor, nosso Deus, como é magnífico teu nome em toda a terra! Fixas tua majestade sobre os céus.

Homem: Da boca dos bebês e dos que mamam, estabeleceste uma força, por causa de teus agressores, a fim de fazer parar o inimigo e o vingador.

Todos: Senhor, nosso Deus, como é magnífico teu nome em toda a terra! Fixas tua majestade sobre os céus.

Madrinha: Quando vejo teus céus, obras de teus dedos, lua e estrelas que firmaste, o que é o ser mortal para que te lembres dele, e o filho do ser humano para que cuides dele?

Todos: Senhor, nosso Deus, como é magnífico teu nome em toda a terra! Fixas tua majestade sobre os céus.

Homem: Deixaste faltar-lhe pouco, se comparado aos deuses, pois o coroa com glória e esplendor. Fazes dele o governador das obras de tuas mãos.

Todos: Senhor, nosso Deus, como é magnífico teu nome em toda a terra! Fixas tua majestade sobre os céus.

Madrinha: Puseste tudo debaixo de seus pés: gado pequeno e bois, todos eles, assim como os animais do campo, os pássaros do céu e os peixes do mar, o que passa pelas veredas dos mares.

Todos: Senhor, nosso Senhor, como é magnífico teu nome em toda a terra! Fixas tua majestade sobre os céus.

Só o refrão: *Onde reina o amor, fraterno amor, onde reina o amor, Deus aí está!*

4. Deus nos envia

Dir.: Queridos irmãos e irmãs, chegamos ao final do encontro. Obrigado pela presença de todas e todos vocês. Temos uma tarefa a cumprir para nosso próximo encontro: trazer a lembrança do próprio Batismo. Nela consta: o nome do(a) batizando(a), a data, o celebrante, a madrinha e o padrinho, e as testemunhas. E agora vamos em paz, porque o Senhor nos envia para viver e testemunhar nosso Batismo!

Todos: Assim seja!

2º Encontro
O Batismo nos introduz na comunidade de fé

Preparação do ambiente

Sobre uma mesa coberta com uma toalha branca, colocar a Bíblia aberta, em destaque, e a seu lado o Círio Pascal aceso – ou a vela que houver –, o crucifixo, uma vasilha de vidro com óleo e as lembranças de Batismo das pessoas que participam do encontro.

1. Deus nos reúne

Dir.: Obrigado pela presença de vocês neste segundo encontro! O tema de hoje será: "O BATISMO NOS INTRODUZ NA COMUNIDADE DE FÉ". O lugar no qual participamos todas as semanas das celebrações, dos encontros de oração, da partilha da Palavra de Deus, onde participamos e atuamos, esta é a nossa comunidade de fé. Iniciemos este encontro com a bênção da Trindade Santa, cantando:

Canto: *Em nome do Pai, em nome do Filho, em nome do Espírito Santo, estamos aqui: / para louvar e agradecer, / bendizer e adorar, / estamos aqui, Senhor, a teu dispor. / Para louvar e agradecer, / bendizer e adorar, / te aclamar, Deus trino de amor.*

Pai: Quando Jesus iniciou sua missão, ele foi chamando apóstolos, discípulos, discípulas, que o seguiram, entre elas sua mãe, Maria, Maria Madalena, Marta e muitas outras. Eles e elas formaram uma comunidade ao redor de Jesus. Estavam com ele todos os dias e o dia todo; escutavam, perguntavam e viviam seus ensinamentos. Depois da paixão, morte e ressurreição de Jesus, impulsionados pelo Espírito Santo, continuaram a missão de Jesus anunciando o Reino de Deus.

Mãe: A comunidade de fé, a Igreja, é o encontro daqueles que creem no nome do Senhor Jesus, sentem-se animados pelo seu Santo Espírito para continuarem sua missão no mundo. Somos também nós, os(as) batizados(as) desta nossa comunidade que aqui se reúnem e se esforçam para viver os ensinamentos de Jesus e continuar sua missão no mundo, hoje.

Todos: Ó Pai, somos nós o Povo Eleito, que Cristo veio reunir!

Dir.: Professamos a mesma fé que recebemos no Batismo e nos sentimos parte do Povo Eleito; por isso, rezemos juntos:

Todos: Ó Pai, somos nós o vosso Povo Eleito, que Cristo veio reunir! Reuniste-nos aqui, de diferentes origens familiares e tradições culturais, para vivermos nosso Batismo. Vós nos enriquecestes por meio do vosso Filho, Jesus, com a diversidade de dons, mas, animados pelo mesmo Espírito, buscamos viver na fraternidade e na paz. Isso vos pedimos, ó Pai, por meio de Jesus Cristo, vosso Filho, na Unidade do Espírito Santo. Amém.

Símbolos do Batismo

Dir.: Estão diante de nossos olhos alguns símbolos que foram usados em nosso Batismo: vela grande acesa, água, veste branca. Vamos olhar para os que estão à nossa frente e dizer:

- Qual é a lembrança que você tem do seu padrinho e de sua madrinha? (Partilhar)
- Tiveram alguma influência sobre sua caminhada de fé? (Partilhar)

Todos: Ó Pai, somos nós o Povo Eleito, que Cristo veio reunir!

Dir.: Hoje vamos ler um texto que foi escrito pelo Apóstolo Paulo há mais de dois mil anos. Ele levou as pessoas da comunidade de Corinto a perceberem os dons que Deus deu a cada membro da comunidade. Eles se deram conta de que todos os dons são dados pelo mesmo Espírito. Por isso, vamos ouvir com atenção o que Paulo tem a nos dizer.

2. Deus nos fala

Refrão: *Onde reina o amor, fraterno amor, onde reina o amor, Deus aí está!*

L. 3: Leitura da Primeira Carta de Paulo aos Coríntios (1Cor 12,4-21)

⁴Ora, há diversos dons, mas o mesmo Espírito; ⁵existem diversos serviços, mas o mesmo Senhor; ⁶e existem diversas atividades, mas o mesmo Deus que opera tudo em todos. ⁷A manifestação

do Espírito é dada a cada um para o bem comum. ⁸Pois, a um, pelo Espírito, é dada **palavra de sabedoria**; e, a outro, **palavra de conhecimento**, segundo o mesmo Espírito; ⁹a outro, **fé**, no mesmo Espírito; e, a outro, **dons de curas**, no único Espírito; ¹⁰mas, a outro, **realizações de prodígios**; a outro, **profecia**; a outro, **discernimentos de Espíritos**; a outro, **diversidade de línguas**; e, a outro, **interpretação de línguas**.

¹¹Mas em todas estas coisas opera um só e mesmo Espírito, distribuindo individualmente conforme quer. ¹²Pois, assim como o corpo é um e tem muitos membros, e todos os membros, embora muitos, formam um só corpo, assim também Cristo; ¹³porque também, num Espírito, todos nós, num só corpo, fomos balizados, quer judeus, quer gregos, quer escravos, quer livres, e, a todos, um só Espírito nos foi dado beber.

¹⁴Ora, o corpo não é um só membro, mas muitos. Se o pé disser: ¹⁵"Porque não sou mão, não sou do corpo", nem por isso deixa de ser corpo. ¹⁶E, se o ouvido disser: "Porque não sou olho, não sou do corpo", por isso não é do corpo? ¹⁷Se todo o corpo fosse olho, onde ficaria a audição? Se todo o corpo fosse ouvido onde estaria o olfato? ¹⁸Assim, Deus pôs os membros, cada um deles, no corpo como desejou. ¹⁹Pois, se todos fossem um só membro, onde estaria o corpo? ²⁰No entanto, há muitos membros, mas um só corpo. ²¹O olho não pode dizer à mão: "Não tenho necessidade de ti"; ou, por sua vez, a cabeça aos pés: "Não tenho necessidade de vós". Palavra do Senhor.

Todos: Graças a Deus!

Ver o texto de perto

Dir.: Paulo, na Primeira Carta aos Coríntios, fala dos muitos dons que o Espírito Santo suscitou nos membros dessa comunidade.

- Observemos, no texto, quais são as palavras que foram destacadas? Vamos lê-las!
- Há algum desses dons que você viu retratado em nossos antepassados? E em alguém de nós, hoje?

Todos: Nós batizados recebemos do Espírito Santo muitos dons suscitados pelo mesmo Espírito, para a utilidade de todos os membros da comunidade.

Pai: Há pessoas que se dispõem a servir nossa comunidade: na catequese, na liturgia, na equipe de canto, nos almoços comunitários, na visita aos doentes, na oração, na visita aos presos, na ajuda aos necessitados, na participação nas pastorais promovidas em nossa comunidade, paróquia e diocese.

Mãe: São dons, serviços suscitados pelo mesmo Espírito e igualmente importantes e necessários para o crescimento de toda a comunidade.

Dir.: O canto do Pe. Zezinho, scj: "Há um barco esquecido na praia", pode ser o meu barco, que está parado, que ainda não se comprometeu com a comunidade e não se envolveu ainda na missão de Jesus. São muitas as possibilidades nas quais eu posso participar e enriquecer a vida da comunidade. Deixemo-nos tocar pelo convite de Jesus.

Todos: De repente me envolve uma luz e eu entrego o meu leme a Jesus. É preciso pescar diferente, que o povo já sente que o tempo chegou. E partimos pra onde Ele quis. Tenho cruzes, mas vivo feliz. Há um barco esquecido na praia, um barco esquecido na praia, um barco esquecido na praia.

Trazer o texto para perto de nós

Dir.: Há pouco nós lemos o texto sobre os dons das pessoas que formavam a comunidade de Corinto, entre eles o dom da fé, o dom da profecia, pessoas que falavam com sabedoria, com conhecimento e a enriqueciam. Nas pessoas que formam a nossa comunidade, há igualmente muitos dons.

- Vamos fazer memória dos dons que se manifestam hoje nas pessoas que fazem parte de nossa comunidade?
- O que precisaríamos melhorar em nossa comunidade? E quem poderia colaborar?
- Qual é a pastoral em nossa comunidade, ou na paróquia, que necessita de mais pessoas para ajudar?

Todos: O nosso Deus, com amor sem medida, chamou-nos à vida, nos deu muitos dons. Nossa resposta ao amor será feita se a nossa colheita mostrar frutos bons.

Dir.: Paulo lembra em sua carta que todos os membros do corpo humano são necessários: o olho, o pé, a mão... um membro não pode dispensar o serviço do outro; do mesmo modo, todas as pessoas de uma comunidade são igualmente importantes, não podemos excluir ninguém por inveja, ciúme, espírito de competição. Antes, somos convidados a conviver harmoniosamente e a colaborar na construção do Reino de Deus, em nossa comunidade.

Todos: Mas é preciso que o fruto se parta e se reparta na mesa do amor!

3. Deus nos escuta

Oração que brota da Palavra

Dir.: Paulo, em 1Cor 13,1-14,1a, fala da importância de todos os dons que são necessários e essenciais para edificar a comunidade; porém, dentre todos os dons, o amor é indispensável, pois ele está na raiz de todos os dons. Vamos recordá-lo, rezando-o alternadamente em dois grupos:

H.: Ainda que eu fale as línguas dos homens e as dos anjos, se não tiver amor, sou um bronze que soa ou um címbalo retumbante.

M.: Ainda que eu tenha profecia e conheça todos os mistérios e todo o conhecimento, ainda que eu tenha toda a fé capaz de remover montanhas, mas, se eu não tiver amor, nada sou.

Canto: *"Onde reina o amor, fraterno amor (bis), Deus aí está".*

H.: Ainda que eu reparta todo os meus bens e entregue o meu corpo para que seja glorificado, se eu não tiver amor, de nada me serve.

M.: O amor é tolerante, é benévolo, o amor. Não é invejoso, não se ostenta, não se incha de orgulho. Não se comporta de forma inconveniente, não busca seu próprio interesse, não se irrita, não leva em conta o mal.

Canto: *"Onde reina o amor, fraterno amor (bis), Deus aí está".*

H.: Não se alegra com a injustiça, mas se regozija com a verdade. Tudo suporta, tudo crê, tudo espera, tudo tolera. O amor jamais acabará. Mas as profecias serão abolidas; as línguas cessarão; o conhecimento será eliminado.

M.: Porque conhecemos em parte e profetizamos em parte. Mas quando vier a plenitude, o em parte será eliminado. Quando eu era criança, falava como criança, pensava como criança, raciocinava como criança, mas, quando me tornei homem, aboli as coisas de criança.

Canto: *"Onde reina o amor, fraterno amor (bis), Deus aí está".*

H.: Pois, agora vemos por intermédio de um espelho de forma enigmática, mas, depois, face a face. Agora, conheço em parte, mas, depois, conhecerei como também fui conhecido.

M.: Agora, permanecem fé, esperança, amor, estas três coisas; mas a maior delas é o amor. Segui o amor!

Canto: *"Onde reina o amor, fraterno amor (bis), Deus aí está".*

4. Deus nos envia

Dir.: Agradecemos a participação de todos e todas neste encontro sobre o tema: "O BATISMO NOS INTRODUZ NA

COMUNIDADE DE FÉ". Antes de concluí-lo, vamos fazer nosso compromisso:

- Fazer o levantamento de seus afilhados e de suas afilhadas de Batismo.
- Se nao puder visitar todos e todas, escolha um(a) afilhado(a) que, no seu parecer, deve ter maior dificuldade de participar na sua comunidade para o crescimento da própria fé. Escute e se disponha a ajudá-lo(a), se tiver condições.

3º Encontro
O Batismo nos confere a tríplice missão: sacerdotal, régia e profética

Preparação do ambiente

Colocar a Bíblia aberta em lugar de destaque, sobre uma toalha bonita, e perto dela uma jarra com água, uma vela acesa, vasilha de vidro com óleo, cruz, flores.

1. Deus nos reúne

Acolhida das pessoas

Dir.: É com alegria que acolho vocês para nosso terceiro encontro, sob o tema: "O BATISMO NOS CONFERE A TRÍPLICE MISSÃO: SACERDOTAL, RÉGIA E PROFÉTICA". Hoje vamos refletir sobre nosso compromisso cristão, como pessoas batizadas que seguem Jesus Cristo. Com fé invoquemos as bênçãos da Trindade Santa:

Canto: *Em nome do Pai, em nome do Filho, em nome do Espírito Santo, estamos aqui: / para louvar e agradecer, / bendizer e adorar, / estamos aqui, Senhor, a teu dispor. / Para louvar e agradecer, / bendizer e adorar, / te aclamar, Deus Trino de amor.*

Símbolos do Batismo

Dir.: Vamos olhar os símbolos usados no Batismo, que estão à nossa frente: a água, o Círio Pascal aceso, a Bíblia. A corneta ou microfone representam a nossa missão de profetas e profetisas.

Vamos refletir sobre cada um dos símbolos e partilhar

O símbolo material retrata o significado espiritual com a qual se deseja passar uma mensagem que traga um novo sentido.

- Qual dos símbolos chamou mais sua atenção? Por quê?
- Para que serve cada um dos símbolos?
- Qual o significado espiritual que ele traz para o Batismo?

Dir.: Depois dessa rica partilha sobre o significado dos símbolos relacionados com o Batismo, vamos dizer juntos:

Todos: Ofertar nossa vida queremos, como gesto de amor, doação. Procuramos criar mundo novo, trazer para o povo a libertação. Ofertamos a Deus os dons que temos.

Mãe: A água purifica e simboliza a vida. No encontro de Jesus com a samaritana, ele se proclamou água viva, que é a ação do seu Espírito para ajudar a comunidade cristã a viver os ensinamentos de Jesus, os quais a pessoa batizada é convidada a assimilar e partilhar com seu testemunho, seus gestos e suas palavras.

Pai: O Círio Pascal simboliza a luz de Cristo, que nos ilumina com sua Palavra e nos convida a sermos refletores da sua luz enquanto consumimos nossas vidas, pela causa de Jesus, segundo a vocação que escolheu.

M.: A Bíblia é Palavra de Deus que ilumina e orienta o modo de pensar e agir dos batizados. Lendo-a todos os dias saberemos o que Deus quer e teremos forças para resistir às tentações do mal.

H.: A unção com óleo do catecúmeno tem o sentido de preparar a pessoa que recebe o Batismo para resistir ao mal, ao pecado. E o óleo do Santo Crisma ressalta-lhe o dom do Espírito Santo, traz-lhe alegria, consagrando-a, dando-lhe força na sua fragilidade.

Todos: Ofertar nossa vida queremos, como gesto de amor-doação. Procuramos criar um mundo novo, trazer para o povo a libertação. Ofertamos a Deus os dons que temos.

2. Deus nos fala

Introdução à Palavra

Dir.: O texto da Primeira Carta de Pedro fala que somos propriedade de Deus, pertencemos a ele pelo Batismo, somos um sacerdócio santo e régio e estamos a serviço do Senhor Deus, o nosso rei.

L. 3: Leitura da Primeira Carta de Pedro (1Pd 2,4-5.9-10)

^{4}Aproximando-vos do Senhor, pedra viva, rejeitada pelos homens, mas escolhida e preciosa diante de Deus, ^{5}também vós como pedras viventes, sois edificados, como uma casa espiritual, para um sacerdócio santo, a fim de oferecer sacrifícios espirituais e agradáveis a Deus, por intermédio de Jesus Cristo. [...] ⁹Mas vós sois uma raça escolhida, um sacerdócio real, uma nação santa, o povo de sua propriedade, a fim de que proclameis as grandes obras daquele que vos chamou das trevas para a luz maravilhosa: ¹⁰Vós que outrora não éreis povo, agora sois povo de Deus; vós que não tínheis experimentado a misericórdia, agora experimentastes misericórdia. Palavra do Senhor!

Todos: Graças a Deus!

Ver o texto de perto

Dir.: O tema do 3º encontro é: "O BATISMO NOS CONFERE A TRÍPLICE MISSÃO: SACERDOTAL, RÉGIA E PROFÉTICA". O que significa na prática cristã termos recebido a missão sacerdotal, régia e profética pelo Batismo:

- Se a missão do sacerdote consiste em oferecer a Deus a vida, os dons da comunidade, qual é então a missão sacerdotal do(a) batizado(a)? (Partilhar)
- A missão régia é exercida pelo rei ou pela rainha, ou por todas as pessoas que são constituídas em autoridade e chamadas a servir a comunidade, o povo. A quem o(a) batizado(a) é chamado(a) a servir? (Partilhar)
- No sentido bíblico, o profeta e a profetisa receberam o chamado para falar em nome de Deus. E a(o) cristã(o) batizada(o) é chamada(o) a falar em nome de quem? Para quem? O quê? (Partilhar)

Dir.: Agradeço essa rica partilha entre nós e agora vamos resumir, nos enunciados que seguem, o que refletimos até agora:

L. 1: Nós cristãos e cristãs batizados fomos incorporados(as) em Cristo, fazendo parte do povo de Deus; participamos, segundo nossas condições da missão sacerdotal, régia e profética de Cristo.

L. 2: Nós batizados(as) realizamos na Igreja e no mundo a parte que nos compete, na missão de todo o povo cristão.

Todos: Com a missão sacerdotal oferecemos a Deus nossas vidas, tudo o que temos e somos, para render-lhe glória, amá-lo mais e servi-lo melhor.

Mãe: A nós batizados(as) compete, por vocação, buscar o Reino de Deus, ocupando-nos das coisas temporais e ordenando-as segundo Deus.

Pai: Como batizados(as) vivemos a missão régia, por meio do serviço alegre e generoso às pessoas, de modo especial às que mais precisam e preferencialmente na comunidade onde vivemos e atuamos.

Todos: Com o Batismo recebemos a missão profética, que consiste em testemunhar e proclamar, com nossa vida e a palavra, os ensinamentos de Jesus. Denunciar tudo o que não agrada a Deus.

Canto: *Eis-me aqui, Senhor! Eis-me aqui, Senhor! Para fazer tua vontade, para viver no teu amor, para fazer tua vontade, para viver no teu amor. Eis-me aqui, Senhor!*

Dir.: A tríplice missão sacerdotal, régia e profética só pode ser vivida na ética cristã.

L. 1: A palavra "ética" está desgastada nos discursos, maltratada, mas deve ser vivida no dia a dia dos cristãos e das cristãs em diversos campos: na prática pessoal, familiar, profissional, social, política e também religiosa.

L. 2: Não necessitamos de conceitos e definições, mas de conscientizar-nos, à luz da prática e dos ensinamentos de Jesus, de suas implicações para nossa vida de batizados.

Todos: Jesus aprendeu desde o berço com seus pais, que praticavam a Lei do Senhor, frequentavam a sinagoga e o templo e realizavam os ensinamentos da Tradição judaica.

Dir.: No Sermão da Montanha, segundo o Evangelho de Mateus, Jesus declarou: "Não penseis que vim anular a Lei e os Profetas. Não vim anular, mas para dar pleno cumprimento. Amém, eu vos digo: enquanto o céu e a terra existirem, não será descuidada nem a menor letra da Lei, sequer um simples acento, até que tudo seja realizado" (Mt 17-18).

Todos: "Aquele que se isentar de um só desses mandamentos menores e ensinar assim aos homens será chamado menor no Reino dos Céus. Mas aquele que os praticar e ensinar será chamado grande no Reino dos Céus" (Mt 5,19).

Trazer o texto para perto de nós

Dir.: Na vida e nos ensinamentos de Jesus havia uma profunda coerência entre o que ele fazia e o que ele ensinava. Ele observava os mandamentos da lei de Deus, os ensinamentos da sinagoga, do templo. Jesus, sendo Filho de Deus, só fazia o que agradava ao seu Pai.

- Na família, na comunidade, na sociedade, o que orienta nosso comportamento no dia a dia como cristãos e cristãs?
- É a Palavra de Deus? São seus mandamentos? Os ensinamentos do Papa? Da Igreja? (Partilha). Ou são as novelas, a televisão, os artistas que dizem como deve ser nosso comportamento? (Partilha)
- Quais são as dificuldades que normalmente encontramos para seguir os ensinamentos de Jesus? (Partilha)
- O que normalmente as pessoas mais jovens respondem quando pais e educadores chamam a atenção dos filhos e educandos?

Dir.: Será que o argumento: "Todo mundo faz assim!" e "Não vou pagar mico" é suficiente para justificar minha prática? (Pausa). Ou será que já estamos vivendo no pecado da "normose", ou seja, onde tudo é normal? (Pausa para refletir)

Todos: Quero ouvir teu apelo, Senhor, e responder ao teu amor.

Missão de pais e padrinhos

Dir.: O papel dos pais e padrinhos é fundamental, porque se trata de colaborar na educação cristã dos filhos e afilhados.

Pai e mãe: A primeira preocupação de pais e padrinhos deve ser o exemplo, o testemunho de uma vida cristã coerente.

Padrinho: Se não for assim, o ensinamento desses pais e padrinhos não tem credibilidade. A falta de testemunho, em geral, não estimula a criança a crescer na fé do seu Batismo.

Dir.: A educação é ampla, começa desde a formação do caráter, da cidadania, do respeito a Deus, ao outro, à natureza e a si mesmo.

Madrinha: A função dos padrinhos não é apenas dar presentes, mas ajudar seu afilhado, sua afilhada, a interessar-se pela formação cristã, pela participação na catequese, na Crisma, nas celebrações, pelo seu engajamento na comunidade de fé.

Padrinho: Criar com os afilhados, as afilhadas, um relacionamento de amizade, de reciprocidade. Quando os pais muitas vezes não têm condições de educar na fé, por razões diversas, o padrinho ou a madrinha são chamados a dar sua ajuda.

Todos: Somos convidados(as) a dar um suporte até que a criança possa ter condições de assumir a graça batismal, o seu processo de crescimento na fé.

Dir.: A criança precisa ser iniciada e acompanhada no cultivo da sua fé. Dessa forma ela vai se interessando na sua relação com Deus Pai, Jesus e o Espírito Santo. Pelo Batismo, recebemos uma missão, e vamos reavivar esta consciência em nós.

Todos: Vou trabalhar pelo Reino do Senhor. Vou anunciar o Evangelho para os povos, vou ser profeta, sacerdote, rei, pastor. Vou anunciar a Boa-Nova de Jesus; como profeta recebi esta missão. Onde eu for serei fermento, sal e luz, levando a todos a mensagem de cristão.

3. Deus nos escuta

Dir.: Comprometidos com a responsabilidade de levarmos adiante a missão de Jesus, o serviço ao Reino, vamos rezar a Deus pedindo-lhe que chame muitas vocações do nosso meio.

Todos: Pai Celeste, cremos na vossa sabedoria e no vosso amor. Cremos que nos criastes para vós, nos indicastes o caminho para vos encontrar. Vós sois a felicidade prometida a quem vos serve com fidelidade.

L. 1: Iluminai-nos e mostrai-nos, ó Pai, esse caminho. Dai-nos coragem para seguir a Jesus na fidelidade. Isso vos pedimos por meio de Maria, vossa e nossa mãe.

Todos: E quando chegar o tempo de minha partida, que eu possa dizer: "Combate o bom combate da fé, toma posse da vida eterna, para a qual foste chamado e que confessaste, em boa confissão, diante de muitas testemunhas" (1Tm 6,12).

L. 2: "Conserva o mandamento imaculado e irrepreensível, até a manifestação de nosso Senhor Jesus Cristo" (1Tm 6,14).

Todos: Eu sou chamado, escolhido por Jesus para ser Igreja, para servir a meus irmãos, para oferecer todos os dons e o meu amor. Com alegria, ser sinal de salvação.

Renovação das promessas do Batismo

C.: Nesta primeira parte da renovação das promessas do Batismo, tomamos consciência de tudo o que somos convidados a renunciar, para atender ao chamado de Deus: a submissão ao pecado, ao egoísmo, à injustiça, as tentações do maligno.

Dir.: Para educar estas crianças na liberdade dos filhos e filhas de Deus, vocês renunciam à escravidão do pecado e a toda opressão?

Todos: Renuncio!

Dir.: Para criar estas crianças num mundo de paz e fraternidade, vocês renunciam ao egoísmo e à injustiça?

Todos: Renuncio!

Dir.: Para conduzir estas crianças no caminho de Jesus, vocês renunciam às ilusões deste mundo e às tentações do espírito maligno?

Todos: Renuncio!

C.: Depois de termos manifestado explicitamente nosso desejo sincero de renunciar a tudo o que nos impede de viver cristãmente nosso Batismo, e de termos também professado em nome de nossos filhos e afilhados, filhas e afilhadas, vamos proclamar nossa fé, como Igreja, povo de Deus.

Dir.: Vocês creem em Deus Pai, que criou o céu e a terra, fez o homem e a mulher à sua imagem e semelhança e nos entregou o mundo para que cuidemos dele e vivamos na paz?

Todos: Creio!

Dir.: Vocês creem em Jesus Cristo, Filho único de Deus, que foi concebido pelo poder do Espírito Santo, nasceu da Virgem

Maria, se fez nosso irmão, deu sua vida por nós, ressuscitou e está junto do Pai?

Todos: Creio!

Dir.: Vocês creem no Espírito Santo, que nos reúne na comunhão da Igreja, nos comunica o perdão dos pecados e nos garante a ressurreição da carne e a vida eterna?

Todos: Creio!

Dir.: Esta é nossa fé, que da Igreja recebemos e professamos sinceramente, razão de nossa alegria em Cristo, nosso Senhor.

Todos: Demos graças as Deus!

Dir.: Renunciando ao pecado e renovando nossa fé, estamos dizendo a Deus e à comunidade que nosso desejo é sincero e queremos ser fiéis às promessas batismais que acabamos de renovar.

Canto: Creio, Senhor, mas aumentai minha fé!

4. Deus nos envia

Todos: O Batismo é dom de Deus para nós. Tornamo-nos seus filhos e suas filhas queridos e amados, para glorificá-lo, amá-lo mais e servi-lo melhor, por meio de nossa missão sacerdotal, régia e profética, vivida intensamente por muitos cristãos, de modo especial pelas pessoas que consagraram sua vida ao Reino de Deus: Irmãs e Padres.

Dir.: Venho agradecer em nome de nossa família (ou da comunidade) a presença das pessoas que participaram do tríduo em preparação ao Batismo de nosso filho (ou de nossa filha). No 1º encontro refletimos sobre: *O Batismo, dom de Deus*; no 2º, *O Batismo nos introduz na Comunidade de fé*; e no 3º, *O Batismo nos confere a tríplice missão: sacerdotal, régia e profética*. Tomamos maior consciência da nossa responsabilidade como pais e padrinhos cristãos batizados, mães e madrinhas cristãs batizadas.

Dir.: Vamos concluir nossos encontros com a bênção de Deus e o abraço: o Senhor nos abençoe e nos guarde!

Todos: Amém.

Dir.: O Senhor mostre para nós a sua face e nos conceda a paz.

Todos: Amém.

Dir.: O Senhor nos conceda a graça de vivermos e testemunharmos nosso Batismo!

Todos: Amém.

Dir.: A paz para você, e o abraço amigo!

Lembrete: No dia do batizado, levar uma vela e uma toalhinha para enxugar a cabeça da criança, que, se possível, deve estar vestida de branco.

Rua Dona Inácia Uchoa, 62
04110-020 – São Paulo – SP (Brasil)
Tel.: (11) 2125-3500
http://www.paulinas.com.br – editora@paulinas.com.br
Telemarketing e SAC: 0800-7010081